I love that you're my

Grandson

because

I Love You Because Books
www.riverbreezepress.com

To my Grandson

Love, _____

Date: _____

The best thing about you is your

_____

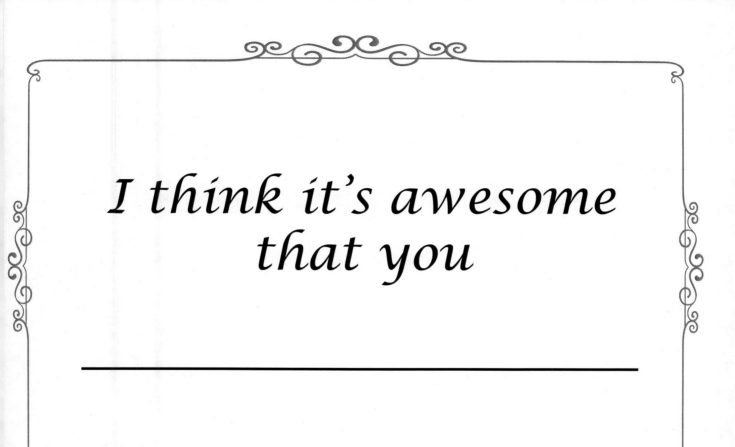

I think it's awesome
that you

_____

You have an amazing talent for

_____

You should win the grand prize for

_____

You make me feel special when

_____

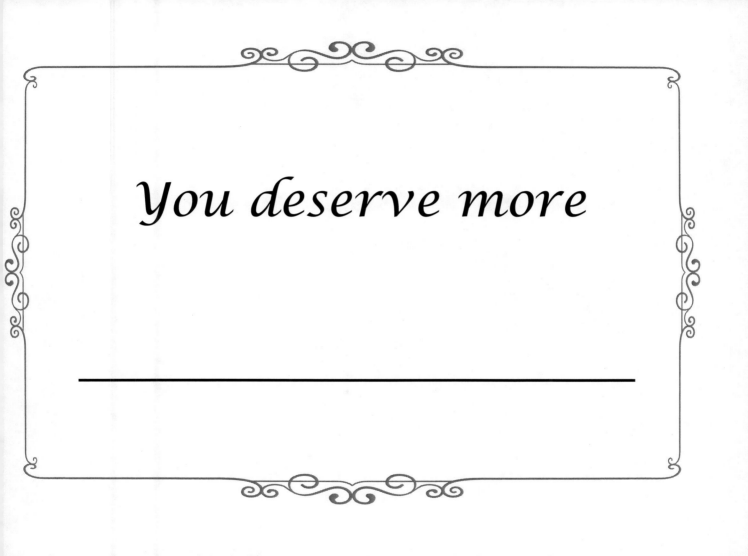

You deserve more

I love when you tell me about

_____

I love when we

_____

together

You taught me how to

_____

I remember when you

_____

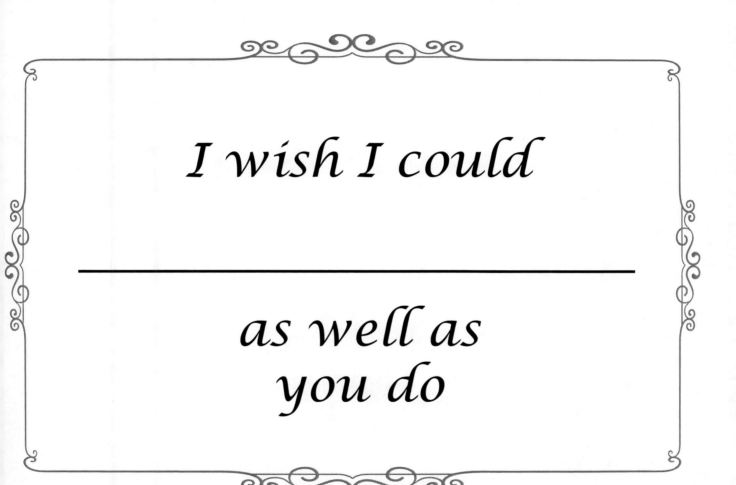

I wish I could

_____

*as well as
you do*

I love that we have the same

_____

You have inspired me to

_____

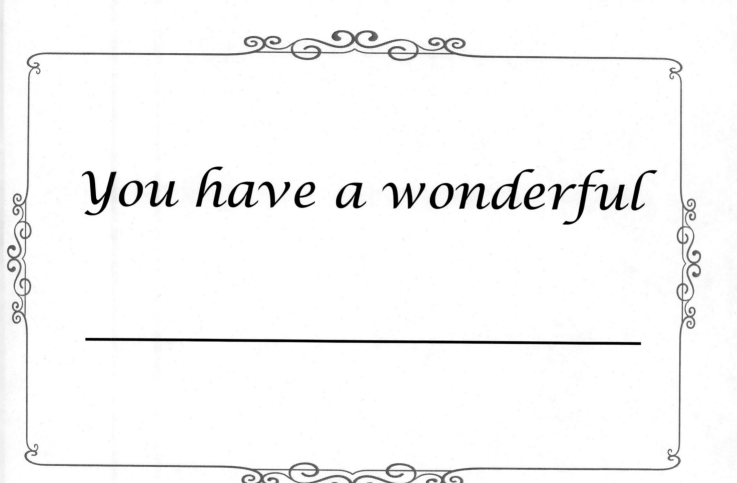

You have a wonderful

_____

You make me laugh
when you

_____

I wish I had more time to

_____

with you

You make the best

_____

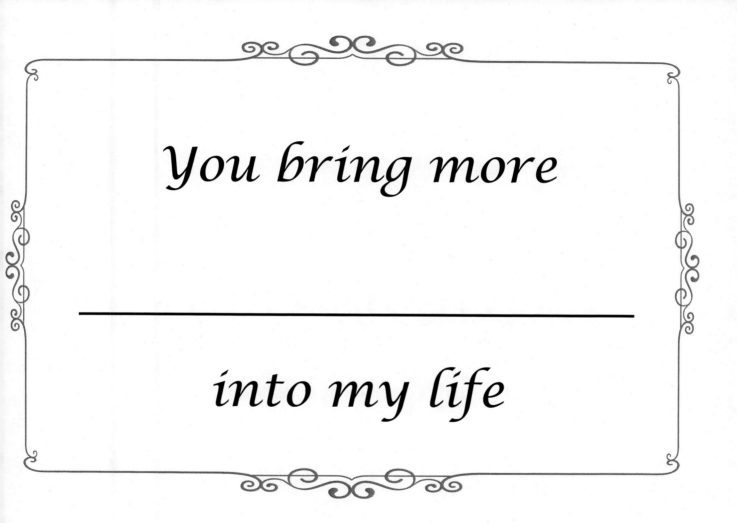

You bring more

_____

into my life

If I could give you anything it would be

_____

I would love to go

_____

with you

I am here for you when

_____

I love you because you are

_____